AF357172

PROJET

DE

CANAL ET DE CHEMINS DE FER

POUR

LE TRANSPORT DES PAVÉS A PARIS,

PRÉCÉDÉ

D'UN TABLEAU DES PROGRÈS DE LA DÉPENSE DU PAVÉ DE PARIS

PENDANT LES DEUX DERNIERS SIÈCLES.

PAR CH.-JOS. MINARD,

INGÉNIEUR EN CHEF DU CANAL DE SAINT-QUENTIN.

PARIS,

A. PIHAN DELAFOREST,

IMPRIMEUR DE MONSIEUR LE DAUPHIN ET DE LA COUR DE CASSATION,

RUE DES NOYERS, N° 37.

M. DCCC. XXVI.

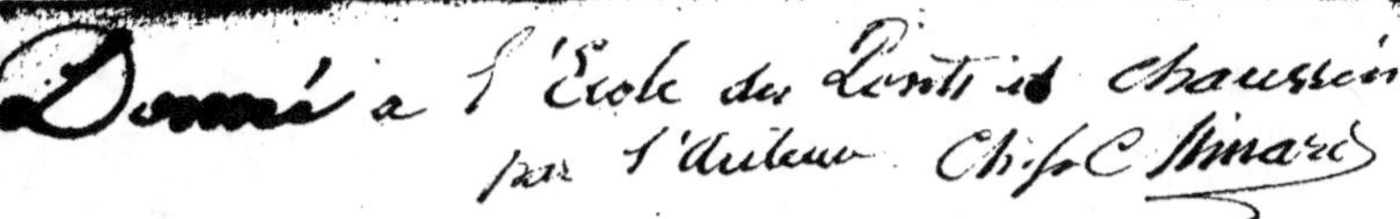

TABLEAU

DES PROGRÈS DE LA DÉPENSE DU PAVÉ DE PARIS,

PENDANT LES DEUX DERNIERS SIÈCLES.

LE premier pavage de Paris date du douzième siècle.

On ignore quelle était alors la superficie de toutes les rues de Paris ; on sait qu'un siècle après, en 1280, cette ville contenait trois cent dix rues. Leurs noms sont consignés dans un écrit de ce temps (1). Ils ont reçu quelques changemens ; mais les recherches de plusieurs écrivains ne laissent aucun doute sur leur identité avec beaucoup de rues actuelles, et on peut en retrouver plus des neuf dixièmes.

Leur longueur, comprise dans les murs dont Philippe-Auguste avait enfermé la ville, n'a presque pas varié ; et comme on connaît exactement cette enceinte, on peut avoir la longueur ensemble de toutes ces rues : nous l'avons trouvée de 35,600 mètres.

Leur largeur, réduite, ne pouvait excéder 5 mètres ; car, en 1747, celle des rues du quartier de la Cité, correspondant aux rues de 1280, n'était encore que de 4 mètres 80 centimètres.

Il paraît donc extrêmement probable que le pavage neuf de l'année 1180 n'excédait pas, en totalité, une superficie de 178,000 mètres carrés.

Le pavage d'une surface semblable coûterait aujourd'hui 1,600,000 francs. On ignore à quelle somme il a pu revenir en 1180 (2) ; on ne sait point d'ailleurs quelles étaient la forme et la nature de ce pavé, dont il n'est resté aucun vestige.

Telle est, par aperçu, l'idée qu'on peut se former de la grandeur de cette entreprise, qui est justement regardée comme un des plus importans perfectionnemens qu'ait reçus la capitale.

L'accroissement des surfaces pavées a été peu rapide dans les treizième, quatorzième et quinzième siècles, puisque l'enceinte de Paris a reçu elle-même peu d'agrandissement. Le pavage du faubourg Saint-Germain ne date que de 1545 (3) ; ceux du Marais et de l'île Saint-Louis n'ont eu lieu qu'en 1600.

---

(1) Le Dit des Rues, de Guillot. — Dictionnaire des Rues de Paris, de La Tynna.

(2) Saint-Foix, tome Ier, page 37, dit qu'un riche financier y contribua volontairement pour 11,000 marcs d'argent, qui valent à peu près 598,000 fr. S'il avait payé la moitié du pavage, ce qui n'est pas probable, le mètre carré aurait coûté 7 fr., prix très élevé pour ce temps, où le setier de blé, suivant Dupré de Saint-Maur, ne coûtait que 7 fr. 28 c.

(3) Voyez Félibien, tome IV, page 146 et suivantes.

En 1606, il y avait déjà bail d'entretien général (1); mais toutes nos recherches n'ont pu nous faire découvrir à combien se montait la superficie totale.

En 1636, la surface des rues, places et quais pavés, dans la ville et les faubourgs, était de *cent cinquante arpens de neuf cents toises chacun*, c'est-à-dire de 513,000 mètres carrés. Cela est constaté à la fin d'un procès-verbal de visite du pavé de Paris, dressé par le contrôleur, commissionné du Roi à cet effet (2).

On y trouve aussi le détail des chaussées de la banlieue; leur largeur moyenne était de 6 mètres (3). Il en résulte qu'il existait alors dans l'enceinte actuelle des barrières de Paris, et au dehors des faubourgs de 1636, 121,000 mètres carrés en chaussées de banlieue, lesquels ajoutés aux 513,000 mètres précédens, donnent 634,000 mètres carrés pour la surface de tous les pavés existant en 1636 dans l'espace circonscrit par les barrières actuelles de Paris.

De 1636 à 1747, il nous a été impossible de retrouver les accroissemens successifs du pavé de Paris. Les baux qu'on passait alors pour l'entretien ne déclaraient point les surfaces à entretenir, mais ils énonçaient les quantités de relevés à bout à faire chaque année. En supposant, d'une part, que ceux-ci sont les dixièmes des surfaces totales, proportion qui est celle du bail de 1747, et d'une autre, que les accroissemens du pavé de Paris sont proportionnels au temps, on arrive à deux résultats qui se confirment par leur rapprochement. Nous avons adopté le second.

Depuis 1747, chaque bail donne toujours la surface à entretenir; ainsi, au moyen de ces baux que nous avons, des états de visite du pavé de Paris et des états de situation des ponts et chaussées, où l'on trouve les pavages neufs exécutés tant au compte du gouvernement qu'à celui des particuliers, nous avons pu connaître très exactement les accroissemens du pavé de Paris. (*Voyez* le Tableau n° 1.)

L'entretien du pavé de Paris n'ayant fait l'objet d'une entreprise générale qu'en 1600, c'est à partir de cette époque que nous aurions voulu examiner sa dépense; mais quoiqu'il y eût bail pour l'entretien, dès l'année 1606, ainsi que nous l'apprend Sully, nous n'avons pu trouver le montant de l'adjudication avant 1632. Depuis cette époque jusqu'en 1820, l'histoire financière du pavé de Paris est consignée dans 23 baux, dont 21 à forfait et les deux derniers par série de prix. Nous avons retrouvé 17 de ces baux (4), ils nous ont servi à établir la dépense annuelle du pavé de Paris, depuis l'année 1632 jusqu'en 1820, nous la présentons dans le Tableau n° 2, ainsi que le prix du mètre carré d'entretien qui en résulte, toute dépense comprise.

Les variations du prix de l'entretien dépendaient nécessairement de celles des prix des matériaux et de la main-d'œuvre. Nous avons pensé que cette influence serait suffisamment mesurée par les variations du prix d'un mètre carré de pavé neuf sur forme neuve

---

(1) Mémoires de Sully, tome VI, page 297.

(2) Félibien, tome IV, pages 119 et 146.

(3) Registres des Trésoriers de France.

(4) Aux Archives du royaume.

de sable, attendu que cet ouvrage renferme tous les élémens qui entrent dans les réparations du pavé ; ainsi nous avons recherché quel a été ce prix depuis 1632 jusqu'en 1820. (*Voyez* le Tableau n° 3.)

Les baux, à partir de celui de 1739, désignent la quantité de pavés qui devait être fournie et employée chaque année dans l'entretien. Cette quantité de grès neuf introduite annuellement dans le pavé de Paris, répare les pertes qu'il éprouve par toutes les causes qui l'usent, en la répartissant sur toute la superficie, il en résulte moyennement la fourniture et l'emploi d'une certaine fraction d'un pavé neuf pour chaque mètre carré ; c'est ce que nous avons appelé le déchet. (*Voyez* le Tableau n° 4.)

Pour mieux saisir l'ensemble de toutes les circonstances de l'entretien, nous en avons dressé un registre figuré, en prenant les années pour abscisses, et pour ordonnées les divers élémens que nous avons considérés.

Ce tableau chronologique renferme un intervalle de 188 années. Pendant ce laps de temps des catastrophes politiques ou financières ont porté plus d'une fois le désordre dans toutes les branches de l'administration : il n'est donc pas étonnant que la dépense de l'entretien ne suive pas des lois régulières. Mais si l'on considère une période de calme, comme celle de 1730 à 1786, où le pavé de Paris a reçu tous les soins convenables et les fonds nécessaires, où les progrès de sa surface et de sa dépense sont plus uniformes et mieux connus, on peut espérer d'y trouver des résultats exacts et utiles.

Le plus remarquable est l'augmentation progressive du prix d'un mètre carré d'entretien ; augmentation qui vient non-seulement de celle des prix de toutes choses, mais encore de l'augmentation du déchet. En effet, si l'on réduit les prix du mètre carré d'entretien de chaque époque entre 1739 et 1785, proportionellement à l'augmentation correspondante du prix des matériaux et du déchet, on trouve à peu de chose près le même prix d'entretien ; ainsi l'augmentation n'est due principalement qu'à ces deux causes.

D'après l'augmentation progressive du déchet, il est manifeste que le pavé de Paris s'est usé de plus en plus depuis 1739 jusqu'à 1785, et même jusqu'à 1810 ; et que cette usure a augmenté presque uniformément.

Ce fait qui n'avait pas encore été établi positivement, nous paraît une conséquence de l'augmentation des causes de dégradation, et très probablement de la diminution de la qualité des matériaux. Car tandis que le nombre des chevaux, des voitures et des habitans augmentait dans Paris, on introduisait une plus grande quantité de pavés de Fontainebleau dans l'entretien. Ce pavé, employé très anciennement (1), fut reconnu trop tendre pour les rues, par le bail de 1660 et celui de 1667, qui en proscrivaient l'emploi ; depuis et par nécessité, il a reparu dans l'entretien en proportion toujours croissante ; aujourd'hui, il forme plus du tiers de la fourniture totale et plus des quatre cinquièmes des pavages neufs. Ainsi, chaque année le nombre des pavés durs diminue comparativement.

---

(1) Voyez Ordonnance de la Prévosté des Marchands et Echevinage de Paris, imprimée par ordre du Parlement, en janvier, année 1500, à la Bibliothèque de la ville de Paris.

(4)

L'accroissement du déchet presque uniforme entre 1739 et 1786, peut être évalué à un pavé neuf par année pour 500 mètres carrés, ou plus exactement en prenant un pavé neuf pour unité à une fraction de 0,$^{pav.}$ 00212 par mètre carré. Ainsi le déchet de l'année 1739 ayant été de 0,$^{pav.}$ 27, on trouvera facilement ceux des années subséquentes, qui forment une progression arithmétique croissante.

Si on la continue jusqu'en 1810, on trouve que le déchet aurait dû être de 0,$^{pav.}$ 42, tandis qu'il a été réellement de 0,$^{pav.}$ 44. Cette différence tient à ce que la régularité de l'entretien a été interrompue par les événemens de la révolution. De 1791 à 1800, les fonds dépensés au pavé de Paris ne montent pas à un million, tandis qu'ils auraient dû s'élever à plus de trois. Ce motif seul justifierait un déchet plus considérable dans les années suivantes; d'autres causes ont concouru d'ailleurs à l'augmenter.

1°. En 1796 la banlieue a été séparée du pavé de Paris; elle était bien moins fatiguée que l'intérieur de Paris, qui après cette soustraction, a dû présenter un déchet plus fort.

2°. Quoique le nombre de chevaux et de voitures ne paraisse pas plus grand en 1810 qu'en 1786, cependant si l'on compare les occupations des personnes qui s'en servaient à ces deux époques, on reconnaîtra qu'un même nombre de voitures avait plus d'activité en 1810 qu'en 1786, et l'usage des cabriolets le prouve.

3°. La population a augmenté d'un quart, tandis que la superficie du pavé n'a augmenté que d'un cinquième, et les piétons usent le pavé plus qu'on ne pense (1).

4°. Enfin, la quantité de pavés de Fontainebleau, introduite dans le pavé de Paris, n'a fait que s'accroître.

Considérons la dépense générale de l'entretien; son augmentation est due, 1° à celle du prix des matériaux; 2° à celle du déchet; 3° enfin, à celle de la superficie. Examinons chacun de ces élémens en particulier pour arriver à la détermination de la dépense future du pavé de Paris.

Les prix des matériaux augmenteront vraisemblablement comme le prix de toutes choses, en raison de l'argent importé en Europe, et particulièrement d'après la demande considérable de pavés neufs, qui croîtra toujours plus que l'offre. L'accroissement de ces prix est trop hypothétique pour en faire le sujet de recherches utiles, ainsi nous n'en parlerons point.

L'augmentation uniforme du déchet de 1739 à 1786, est un fait bien établi; c'est le résultat naturel de la détérioration du pavé. Dans cette période d'années les matériaux et le mode d'entretien n'ont pas changé; aucune innovation remarquable n'a eu d'influence particulière sur le pavé; les principales causes de dégradations ont été les mêmes; elles n'ont fait que se multiplier par suite de l'accroissement continuel de la population et de la richesse. Or, ces causes existent encore aujourd'hui, ainsi que leur tendance générale à l'accroissement; on doit donc en conclure qu'à moins d'événemens imprévus, l'augmentation annuelle du déchet suivra la même loi pendant bien des années.

Et il en résulte, que même en supposant constans les prix des matériaux et la super-

---

(1) Voyez Note B.

ficie actuelle du pavé de Paris, la dépense doit être augmentée chaque année d'environ 2,200 francs; conséquence à laquelle on est loin d'avoir égard dans les crédits ouverts annuellement pour le pavé de Paris.

Quant à la superficie du pavé, tout annonce qu'elle croîtra encore beaucoup. Pendant les quarante années qui ont précédé la révolution, l'accroissement annuel, dans la ville et les faubourgs, a été de 13,000 mètres carrés; de 1800 à 1810 il a été de 26,000 mètres; de 1810 à 1820 on le trouve encore de 13,000 mètres. On peut donc admettre comme minimum, qu'il continuera de croître dans cette dernière proportion.

D'après ces deux progressions du déchet et de la superficie, il est facile de prévoir que, sous le seul rapport du pavé neuf employé, l'entretien du pavé de Paris, qui en 1820 coûtait 800,000 francs, devra coûter,

> En 1830, au moins 862,000 francs;
> En 1840, au moins 927,000 francs;
> En 1850, au moins 992,000 francs, etc. (1)

On pourrait bien continuer de l'entretenir avec 800,000 francs pendant quelques années, s'il ne s'agissait que de le tenir en état de viabilité; mais comme il s'use à sa surface et qu'on doit lui conserver son échantillon qui a été jugé commode et solide, il faudrait toujours finir par lui rendre en grès neuf le volume qu'il aurait perdu au bout d'un certain temps, et entreprendre une réfection générale, qui ne donnerait lieu à aucune économie, et arrêterait la circulation dans Paris.

Le déchet est le point essentiel du pavé de Paris (2), puisque l'achat des pavés neufs forme à lui seul plus des deux cinquièmes de la dépense totale. Un examen attentif de ce qui se passe dans l'entretien, et des observations multipliées nous ont appris que, outre les causes ordinaires de déchet, il en existait une qui, si elle n'est pas ignorée, est loin d'être appréciée à sa juste valeur, c'est la rupture des pavés. Le nombre des pavés brisés, tant dans les réparations en repiquage que dans les relevés à bout, s'élève à plus de 350 milliers par année, en y comprenant toutefois le très petit nombre de pavés dérobés. On conçoit que pour avancer un fait de cette importance, il nous a fallu une forte conviction; nous l'avons acquise pendant plusieurs années d'observations et plus de deux cents expériences particulières.

On ne peut s'empêcher de reconnaître que ce résultat ruineux ne soit dû en grande partie à l'usage du pavé de Fontainebleau, et qu'on ne retirât un avantage considérable du seul emploi de pavés durs. Mais les bonnes carrières à proximité de la capitale sont insuffisantes, et si l'on exploitait celles qui en sont plus éloignées, on perdrait plus en frais de transport que l'on ne gagnerait dans la qualité des pavés. Ce serait donc rendre

---

(1) Voyez Note A.
(2) Voyez Note B.

un service éminent au pavé de Paris que de diminuer les frais de transport de ses approvisionnemens qui s'élèvent à 1,500,000 pavés par an (1). Convaincus de cette vérité, nous nous sommes appliqués à résoudre ce problème, et nos recherches nous ont conduit au projet de canal et de chemins de fer que nous proposons.

(1) Savoir : 1,200 milliers pour l'entretien courant, et 3oo milliers pour le pavage des rues neuves et les réfections extraordinaires.

PROJET

DE CHEMINS DE FER ET DE CANAL,

POUR LE TRANSPORT DES PAVÉS A PARIS.

Les carrières qui offrent l'application la plus heureuse des canaux et des chemins de fer, pour transporter à moindres frais les pavés à Paris, sont celles des coteaux de l'Yvette ; et de toutes les carrières qui alimentent Paris, ce sont aussi celles qui fournissent les pavés les plus durs et les mieux faits.

Leur produit, y compris celui des carrières de Sceaux, n'est aujourd'hui que de 600 milliers par an, parceque l'exploitation s'arrête là où l'éloignement de Paris rendrait le transport trop coûteux. En parcourant la vallée de l'Yvette et de ses affluens, on découvre beaucoup de bancs de grès, où l'on peut ouvrir de superbes carrières, et on est frappé de leurs richesses stériles.

Produit possible
des
carrières des coteaux
de l'Yvette.

D'après les dimensions apparentes des bancs que nous avons reconnus, et dont le développement est de près de trois lieues, ils présentent une masse de grès d'où l'on peut tirer 600,000,000 de pavés, et entretenir Paris pendant quatre cents ans. On voit que l'utilité d'un canal qui ouvrirait un débouché à ces nouvelles carrières, serait assurée pour des siècles.

De tous les projets de canaux et de chemins de fer qui atteindraient ce but, il y en a un qui réunit de si grands avantages, qu'on ne peut balancer un instant à lui donner la préférence : c'est celui dont nous avons présenté la première idée à M. le directeur-général des ponts et chaussées, en septembre 1821, et que nous allons décrire sommairement (1).

Position
des chemins de fer.

Des chemins de fer, à une seule voie, seront établis sur les sommets des coteaux de l'Yvette, où gisent les bancs de grès ; le terrain, un peu au-dessus des carrières, présente de grands plateaux sur lesquels les chemins de fer peuvent se développer presque de niveau. On conçoit l'avantage de cette disposition, par laquelle un seul cheval pourra traîner 10,000 kilogrammes ou 300 pavés.

Il y aura un chemin de fer depuis les carrières de Sceaux-les-Chartreux jusqu'à celles

---

(1) M. le directeur-général, qui accueille et encourage tout ce qui peut améliorer l'administration qui lui est confiée, ayant desiré que nous donnassions suite à notre premier travail, nous avons dressé un projet complet, qui lui a été soumis en mai 1822, et qui a reçu l'approbation du Conseil des ponts et chaussées, dans sa séance du 10 septembre suivant, sauf étude plus détaillée de quelques parties.

Dans le Mémoire explicatif, on discute les avantages respectifs de divers projets, et notamment de celui d'un seul chemin de fer venant des carrières à Paris.

d'Orsay, et de là jusqu'au vallon de Bures ; un second sera établi vis-à-vis les carrières de Lozert ; un troisième vis-à-vis celle de Gif ; et un quatrième pour les carrières qu'on ouvrira dans les bancs de Saint-Paul. Leur longueur ensemble sera de 12,483 mètres, y compris les parties à double voie pour le croisement des chariots.

On peut établir d'autres chemins de fer pour desservir d'autres carrières ; mais ceux-ci nous paraissent suffisans pour la consommation actuelle de Paris.

Chacun des quatre chemins de fer, dont nous venons de parler, communiquera au canal qui sera dans la vallée, par un plan incliné, à double voie, sur lequel les chariots chargés descendant, remonteront les chariots vides.

On connaît le mécanisme simple employé à cet effet ; on sait qu'il consiste en un tambour sur lequel s'enroulent les cordages qui retiennent les chariots. Leur mouvement accéléré est modéré par un frein qu'un seul homme dirige.

Le plus grand de ces plans inclinés sera celui de Bures. Il aura 760 mètres de longueur sur une pente totale de 80 mètres. Il traversera la grande route de Paris à Dourdan, par dessus laquelle il passera sur un pont en maçonnerie.

La longueur ensemble des plans inclinés avec chemin de fer double, sera de 2,136 mètres.

La quantité de fonte pour toutes les coulisses, sera de 603,000 kilogrammes, et l'établissement complet des chemins de fer est estimé 477,000 francs (1).

Voici comment les pavés voyageront jusqu'à la capitale ;

En sortant de la carrière ils seront transportés à la brouette jusqu'au chemin de fer, qui passera à proximité, et où seront les chariots vides. On placera dans le fond de chaque chariot un fort plateau de bois propre à recevoir les pavés serrés les uns contre les autres. Le chargement d'un chariot sera de 45 pavés, pesant environ 1,400 kilogrammes. Un seul cheval en traînera six à sept. Les chariots parcourront les chemins de fer et descendront, par leur propre poids, sur les plans inclinés dont l'extrémité inférieure touchera immédiatement au quai d'embarquement. Là, une grue enlèvera les pavés, au moyen de chaînes accrochées aux quatre angles du plateau, et les déposera de suite dans un bateau. Les chariots vides retourneront aux carrières et le bateau chargé descendra le canal jusqu'au port, près Paris, où le déchargement sera effectué par une autre grue.

Les pavés parviendront donc à Paris sans éprouver le moindre choc, tandis que aujourd'hui ils se heurtent les uns contre les autres dans les reprises du transport, et arrivent arrondis et mutilés.

Le procédé que nous venons d'indiquer, pour charger et décharger les pavés, est non seulement expéditif, mais encore économique, malgré la dépense des plateaux ; il offre aussi le moyen de peser les pavés et de faire leur réception au poids, comme cela se pratique à Londres.

Longueurs des chemins de fer.

Plans inclinés.

Quantité de fonte des chemins de fer ; leur dépense d'établissement.

Transport des pavés par les chemins de fer et le canal.

---

(1) Aujourd'hui, en Angleterre, le fer forgé, quoique d'un prix plus élevé, paraît être préféré à la fonte, pour les chemins de fer où les chariots ne sont pas mus par des machines à vapeur locomotives. Si on substituait le fer à la fonte de nos chemins de fer, il en résulterait une augmentation de dépense d'environ 280,000 fr.

Le canal commencera à Chevreuse et s'appuiera sur le côté droit de l'Yvette, jusques auprès du village de Bures.

La première écluse sera placée vis-à-vis Caubertin, et la deuxième près de Bures.

Au-dessus de ce village il sera construit un pont-canal, qui franchira la vallée et portera le canal sur la rive gauche de l'Yvette. Il aura 200 mètres de longueur et 11 mètres au-dessus de la prairie; il sera formé d'arcades en maçonnerie. La cuvette du canal pourra être faite en plaques de fonte, comme aux ponts-canaux de Sisilty et de Longden, en Angleterre, ou en maçonnerie hydraulique, comme nous l'avons exécuté au canal du Centre.

Le canal suivra la rive gauche de l'Yvette jusqu'à Palaiseau, en passant par de petits souterrains, sous des parties élevées du terrain où sont quelques habitations. Après avoir traversé Palaiseau, il arrivera derrière ce village dans le fond d'un petit vallon, qui est le point le plus rapproché de la vallée de la Bièvre, où le canal doit pénétrer. Il percera le seuil qui sépare cette petite rivière de l'Yvette, par un souterrain de 1,300 mètres de longueur, et débouchera dans le vallon de Massy.

Il suivra le côté gauche de ce vallon, jusqu'au droit du parc de Vilaine; là il traversera le vallon de la Bièvre par un grand remblai, ou par un pont-canal, semblable à celui de Bures, mais de plus grande dimension.

Le canal suivra ensuite la rive gauche de la Bièvre, côtoiera le mur supérieur du parc de Mignan, et ira passer sous les jardins d'Antony, par un souterrain de 200 mètres de longueur. Il traversera la route de Choisy à Versailles, contournera le vallon de Chatenay, passera dans le parc ruiné de Sceaux sur une petite longueur, et entrera en souterrain derrière les jardins au bas de Sceaux. La galerie aura 765 mètres de longueur.

A quelques cent mètres de la sortie du souterrain dans le vallon de Fontenay-aux-Roses, sera placée la troisième écluse.

De là jusqu'à Paris, le canal suivra sans difficultés le terrain naturel dans lequel on l'enfoncera derrière Arcueil, pour éviter les jardins de ce village; la plus grande profondeur de la tranchée ne sera que de 5 mètres 70 centimètres.

Les quatrième et cinquième écluses seront placées entre Arcueil et Paris.

Le canal, à son arrivée près de la barrière Saint-Jacques, au lieu dit Mont-Souris, sera terminé par un bassin à l'instar de celui de la Villette.

La surface totale de l'eau de ce bassin sera à 10 mètres 30 centimètres au-dessous du bief culminant, près Chevreuse. Elle sera de 4 mètres 40 centimètres au-dessus du point le plus élevé de Paris, qui est l'Estrapade, et par conséquent de 13 mètres plus haute que l'eau du bassin de la Villette.

Le canal sera alimenté dans sa partie supérieure, par l'Yvette, le ruisseau de Saint- Paul, de Port-Royal et de Bures. Leur produit total, en temps de sécheresse, est de 14,000 mètres cubes en vingt-quatre heures (730 pouces).

Il recevra de plus, dans sa partie inférieure, les ruisseaux de Chatenay, de Sceaux et de Fontenay-aux-Roses, qui donnent ensemble environ 2,000 mètres cubes (105 pouces).

Enfin, l'on pourra, au besoin et sans de grandes dépenses, prendre le ruisseau de Gif, qui donne 3,400 mètres cubes (180 pouces).

On formera, à la prise d'eau de Chevreûse, un grand réservoir, dont la capacité sera la moitié de celle du canal, et qui servira principalement à son remplissage.

Minimum de la quantité d'eau qui alimente le canal. Ainsi le canal recevra, en temps de sécheresse, 16,000 mètres cubes d'eau par jour. Une partie de cette eau arrivera à Paris, par le jeu des écluses et en déversant sur leurs portes.

L'écoulement sera facilité par de légères pentes données aux plus grands biefs (1).

Imperméabilité du terrain dans lequel est ouvert le canal. La partie supérieure du canal sera généralement ouverte dans un terrain sablonneux, qui ne peut inspirer aucune inquiétude sur sa perméabilité, puisqu'on y voit beaucoup de sources au niveau de la ligne d'eau du canal.

La partie moyenne et celle près de Paris seront ouvertes dans un terrain gras, qui tiendra très bien l'eau.

D'après les sondes qui ont été faites avec soin, les souterrains et les tranchées de Palaiseau et de Sceaux seront dans l'argile plastique et n'éprouveront aucune perte.

Entre la route d'Orléans et Paris, le canal aura à traverser un terrain anciennement percé de puits de carrières, dont on ignore la position. Les fouilles du canal les indiqueront et il sera facile de les éviter ou de les franchir.

Ces puits ont 30 mètres de profondeur; une aussi grande épaisseur de terrain entre le fond du canal et les carrières, rassure complétement sur les craintes des communications.

D'ailleurs, l'argile étant très commune sur les bords du canal, dont elle forme le lit sur de grandes longueurs, les corrois seront faciles et peu coûteux.

Il y a donc lieu de penser que ce canal, quoique assez élevé au-dessus du fond des vallons, perdra très peu d'eau par les infiltrations. Toutefois, comme en ces sortes de conjectures, il vaut mieux supposer plus de pertes que moins, nous admettrons qu'il *Quantité d'eau qui arrivera à Paris.* n'arrive à Paris que la moitié de l'eau qui alimente le canal, c'est-à-dire 8,000 mètres cubes d'eau par jour en temps de sécheresse.

Dimensions du canal. La longueur totale du canal sera de 36,000 mètres; il sera ouvert en petites sections. La largeur sera de 4 mètres dans le fond et de 10 mètres entre les crêtes des talus intérieurs; la profondeur de la cuvette de 2 mètres, et celle de l'eau de 1 mètre 50 centimètres.

Les talus intérieurs auront 3 mètres de base sur 2 de hauteur. Partout où le terrain naturel sera de plus de 2 mètres au-dessus ou au-dessous du fond du canal, sa largeur sera réduite au passage d'un seul bateau.

Dimensions des souterrains. Les souterrains seront revêtus intérieurement en maçonnerie. Ils auront 2 mètres 50 centimètres de largeur et 3 mètres 60 centimètres de hauteur sous clef. *Moyen de halage dans les souterrains.* Le halage s'y fera avec les pieds des bateliers couchés dans le bateau. C'est ainsi que cela a lieu dans les tonelles d'Angleterre et à la rigole de Torcy au canal du Centre. Ce moyen est plus simple et plus expéditif que tous ceux qui emploient les bras.

---

(1) Le réglement de ces pentes devient aujourd'hui (1825) d'autant moins hypothétique, qu'on pourra s'appuyer de la grande expérience du canal de l'Ourcq, presque achevé, et dont la section diffère peu de celle de notre canal.

Chacune des cinq écluses aura 2 mètres de chute et 2 mètres 30 centimètres de passage. Leur longueur intérieure sera de 27 mètres ou 14 mètres, selon celle qui sera adoptée par les bateaux. *(Chutes et dimensions des écluses.)*

Ceux-ci auront 2 mètres de largeur et 1 mètre de tirant d'eau. Nous pensons qu'on peut leur donner 27 mètres de longueur. Ces proportions entre la longueur et la largeur existent sur des canaux d'Angleterre et des États-Unis. Si on réduisait leur longueur à 14 mètres, il conviendrait de les disposer de manière à les faire naviguer bout à bout et deux à deux. Le port d'un de ces bateaux, ou des deux ensemble, sera de 48 tonneaux. *(Dimensions des bateaux; leur tirant d'eau. — Tonnage des bateaux.)*

Chaque bateau descendant tirera du bief culminant, une éclusée moins son volume plongé, et chaque bateau montant dépensera une éclusée plus le volume plongé. C'est en somme un peu plus de deux éclusées, parceque les bateaux montans seront moins chargés. L'éclusée étant de 125 mètres cubes, nous supposerons que chaque bateau dépensera 270 mètres cubes. Or, la quantité d'eau qui pourra descendre à Paris, étant de 8,000 mètres cubes, on voit qu'elle pourra suffire à l'arrivage de 30 bateaux par jour. *(Dépense d'eau par le passage des bateaux. — Nombre de bateaux qui peuvent arriver par jour.)*

Chaque bateau portant 48 tonneaux, et l'année de navigation pouvant être supposée de 300 jours; le tonnage de toutes les marchandises qui pourraient descendre sur le canal, serait de 432,000 tonneaux; quantité presque triple de celle qui est présumée devoir y passer. *(Tonnage des marchandises qui peuvent arriver.)*

Il est essentiel de remarquer que les petites dimensions que nous avons données au canal, abrègent le temps de la construction, diminuent beaucoup le capital d'établissement, et facilitent singulièrement le passage dans les souterrains, sur les ponts-canaux et à travers les habitations rapprochées. A égalité de profondeur d'eau, elles diminuent aussi les chances d'infiltrations, proportionnellement à la surface intérieure de la cuvette.

Le temps présumé nécessaire pour la construction du canal, peut être fixé à 3 ans. *(Temps nécessaire pour la construction du canal. — Capital d'établissement du canal.)*

La dépense totale du canal, y compris les indemnités de terrains et d'usines, est évaluée à la somme de 2,400,000 francs (1).

On a pu voir que, par sa position, le canal avait quelques parties communes avec les projets connus de la dérivation de l'Yvette; mais outre qu'il suit plusieurs directions qui n'avaient point encore été proposées, il en diffère essentiellement en ce qu'il ajoute les avantages de la navigation à ceux de la dérivation; réunion d'où résultent des bénéfices considérables. *(Grands avantages du canal.)*

Ainsi l'on pourra vendre l'eau du canal, soit pour laver les rues de Paris sur la rive gauche de la Seine, les abattoirs et les canaux fétides des Gobelins; soit pour desservir les hôpitaux du faubourg Saint-Jacques, qui en manquent ou n'en obtiennent qu'à grands frais; soit pour l'embellissement de la place Sainte-Geneviève, du jardin du Luxembourg et de tous les édifices publics des quartiers élevés, où l'eau du canal de l'Ourcq ne peut parvenir; soit enfin, pour l'usage des fabriques des faubourgs Saint-Jacques et Saint-Marceau, où l'on élève l'eau par des puits très profonds.

En supposant que le canal ne vende que les trois quarts des 8,000 mètres cubes d'eau *(Vente de l'eau à Paris)*

---

(1) Nous devons faire observer que, depuis la rédaction de notre Projet et de son estimation, la valeur des terrains et usines des environs de Paris a beaucoup augmenté.

qui arriveront à Paris , il en résulterait, d'après le tarif des prix de l'eau de l'Ourcq ,
un revenu de 3oo,ooo francs.

L'utilité de l'eau ne se borne point à la capitale, elle trouve son application sur toute
la ligne du canal; ainsi on pourrait, à peu de frais, porter l'eau à Bicêtre, en passant
par une conduite sur l'aqueduc d'Arcueil, ce qui réduirait au cinquième la grande
profondeur (225 pieds) de laquelle on élève l'eau à cet établissement par des machines
dispendieuses.

Droits de navigation sur les pavés.

On peut mettre un droit de navigation sur les pavés d'échantillon qui passeront sur
le canal. Nous avons déja dit que les bancs de grès de l'Yvette offraient des ressources
au-dessus du besoin. Ainsi il est hors de doute que les 1,5oo milliers de pavés employés
annuellement pour l'entretien ordinaire et les pavages neufs, sortiront des carrières de
l'Yvette, surtout lorsque l'exécution du canal dont il s'agit, permettra de proscrire le
pavé tendre de Fontainebleau.

Le prix du charroi d'un millier de pavés est aujourd'hui de 15o francs; ce transport
par le canal et les chemins de fer, ne coûtera que 36 francs(1). On pourra donc facilement
établir un droit de navigation de 5o francs par millier (o,22 centimes par tonneau et par
distance) qui produira un revenu de 75,ooo francs (2).

Les carrières de l'Yvette fournissent aussi 2oo milliers de pavés bâtards, provenant
du déchet des pavés d'échantillon; leur nombre s'élèvera au moins à 4oo milliers, sur
lesquels on pourra mettre un droit de 3o francs par millier, qui rapportera un revenu
de 12,ooo francs.

Droits de navigation sur la pierre de taille de grès.

La facilité du transport du grès en amènera l'usage dans la construction des maisons
de Paris. Arrivant par le canal, il sera moins cher que la pierre de roche à laquelle
il sera préféré pour les seuils, les marches , les socles et tous les soubassemens des
édifices. On ne peut prévoir en quelle quantité il sera employé; nous supposons une
somme de 13,ooo francs pour le revenu auquel son transport donnera lieu.

Droits de navigation sur la pierre meulière.

Il passera aussi sur le canal une très grande quantité de pierre meulière; elle abonde
dans la haute partie du canal. On l'extrait forcément dans les carrières de grès dont
elle recouvre les bancs; on n'en peut tirer parti faute de débouché. On l'envoie par
voiture à Paris, lorsque son prix s'y élève extraordinairement. Il est donc certain qu'on
l'expédiera par le canal, et la capitale qui consomme plus de 8o,ooo mètres cubes de
moëllons par année, tirera, par cette voie , une très grande partie de cet approvisionnement.

Le mètre cube de meulière, arrivant par le canal, reviendra à 5 francs 7o centimes
dans Paris (3). Son prix actuel est presque double; ainsi l'on pourra mettre un droit de
navigation de 2 francs 5o centimes par mètre cube (3o centimes par tonneau et par

---

(1) Voyez Note C.

(2) Voyez Note G.

(3) Voyez Note D.

distance). En supposant que le canal n'amène que la moitié de la fourniture totale , ce droit produirait un revenu de 100,000 francs.

Telles seront les principales branches de commerce du canal, auxquelles on doit en ajouter d'autres moins considérables , telles que l'argile plastique, les carreaux, les briques, les bois, les fruits qui viennent en grande quantité de la vallée de l'Yvette, etc.

De plus , le chargement des bateaux qui retourneront aux carrières est assuré ; les fumiers de Paris, qui aujourd'hui sont payés fort cher par les voitures qui ont amené ce pavé, seront aussi achetés par les bateaux vides, pour lesquels il s'établira un dépôt au bassin de Mont-Souris. Ces engrais iront fertiliser les rives du canal, et leur transport, jusque dans la vallée de l'Yvette où ils ne parviennent point aujourd'hui, sera à la fois une source de prospérité pour l'agriculture et de profit pour le canal. *Retour des bateaux.*

En récapitulant les principaux revenus du canal, on trouve une somme de 500,000 francs (1), que nous considérerons comme le revenu net probable, en abandonnant les autres droits pour l'entretien et les frais d'administration. Le capital d'établissement des chemins de fer et du canal est de 2,900,000 francs. C'est dans le rapport de ces deux sommes que se trouve le bénéfice de l'entreprise. *Revenu net du canal.*

Certainement ces évaluations, surtout celles des revenus, sont approximatives; mais le taux de l'intérêt qui en résulte est si élevé, qu'il peut supporter une grande réduction sans cesser d'être encore très avantageux. Ainsi, lors même que la dépense serait augmentée d'un tiers, et le revenu diminué dans la même proportion, l'argent serait encore placé à 9 pour 100.

Tels sont les avantages que le canal offre aux capitalistes; ceux qu'en retirera l'entretien du pavé de Paris ne seront pas moins grands. *Avantages que le pavé de Paris retirera du canal*

1°. L'approvisionnement des pavés durs, qui n'a lieu que lorsque l'agriculture est inactive, est souvent difficile et insuffisant; tandis que, par les chemins de fer et le canal, les arrivages seront certains et proportionnés au besoin.

2°. Les pavés seront mieux faits, mieux équarris, et permettront de donner moins de largeur aux joints des pavages.

3°. Enfin , la dépense de l'entretien sera considérablement diminuée ; car le millier de pavés, qui revient aujourd'hui à 300 francs, ne coûtera que 236 francs par le canal, et l'économie totale pour les 1,200 milliers nécessaires à l'entretien annuel , sera de 76,800 francs. Le bénéfice en capital est donc de 1,536,000 francs ; cette somme donne la mesure des sacrifices que doit faire le pavé de Paris pour hâter la confection de notre canal.

Ainsi l'entreprise est lucrative pour les spéculateurs , avantageuse à l'État et à la ville de Paris, qui sont consommateurs de pavés, mais particulièrement à cette dernière, en complétant le système de distribution des eaux et l'arrivage de ses approvisionnemens, et enfin favorable à l'agriculture d'une contrée qui recevra les bienfaits d'une navigation ouverte entre elle et la capitale.

---

(1) Voyez Note E.

Un concours d'intérêts aussi puissant assure le succès, et les capitaux pour l'exécution se trouveront facilement ; le gouvernement et la ville de Paris peuvent avec raison participer à sa dépense. Leur intervention aplanira toutes difficultés.

Les conditions de la concession, qui peut être liée avec l'entreprise de l'entretien du pavé de Paris, sont susceptibles de plusieurs combinaisons ; et dans l'intérêt du bien public, on doit tout attendre des magistrats éclairés qui, à la tête de l'administration des ponts et chaussées et du département de la Seine, sont appelés à diriger les offres des capitalistes.

S'il nous était permis d'indiquer un des moyens qui favoriseraient la formation d'une compagnie à laquelle on concéderait le canal temporairement ou à perpétuité, nous dirions que si le gouvernement continuait d'entretenir le pavé de Paris, il paraîtrait juste que la ville de Paris intervînt seule dans la dépense du canal, en se chargeant de l'achat des terrains à exproprier, et en assurant à la compagnie exécutante le débit d'un certain volume d'eau. Si le gouvernement et la ville de Paris se partageaient l'entretien du pavé, ce qui paraît plus convenable (1), l'un et l'autre pourraient contribuer à l'acquisition des terrains, proportionnellement à leurs charges respectives dans l'entretien.

S'il ne se présentait aucune compagnie pour exécuter le canal, nous disons que c'est à l'administration, qui paie l'entretien du pavé de Paris, à s'en charger. En effet, elle débourse chaque année 360,000 francs pour acheter 1,200 mille pavés neufs ; par le canal elle ne les paiera qu'environ 223,000 francs : elle aura donc épargné 137,000 francs par an. Or, cette somme est à peu près l'intérêt à 5 pour 100 du capital qu'elle aurait engagé pour exécuter le canal ; ainsi il lui resterait pour bénéfice net, la vente d'eau et d'autres revenus.

Nous terminerons en faisant observer que la richesse et la population de la capitale s'accroissent chaque année, que d'immenses quartiers sont projetés, et qu'un canal qui amènera à Paris des matériaux de construction, doit offrir une navigation active et un revenu assuré.

Ch.-Jos. MINARD.

Saint-Quentin, décembre 1825.

---

(1) Voyez note A.

NOTES.

Note A.

Le mètre carré d'entretien coûte aujourd'hui (bail de 1820) 0,^{f} 2992; l'augmentation annuelle du déchet, pour chaque mètre carré, est, en fraction de pavé neuf, de 0,$^{pav.}$ 00212, lesquels, à 0,^{f} 39, prix actuel d'un pavé neuf mis en place, coûteront 0,^{f} 0008268; ainsi le prix d'un mètre carré d'entretien dû à l'augmentation du pavé neuf seulement, au bout d'un nombre T d'années, sera

$$0,2992 + (0,000827)\, T.$$

L'augmentation annuelle de la surface étant de 13,000 mètres carrés, et la superficie totale étant aujourd'hui de 2,674,000 mètres carrés, la surface, au bout du temps T, sera

$$2674000 + (13000)\, T.$$

Ainsi la dépense d'entretien au bout du même temps T, sera

$$\left\{ 2674000 + (13000)\, T \right\} \left\{ 0,2992 + (0,000827)\, T \right\} = 800000 + 6100\, T + 10,75\, T^2.$$

Cette expression ne donne l'augmentation de dépense que relativement au pavé neuf employé; celle qui serait due aux mains-d'œuvre du vieux pavé, n'y est pas comprise : elle présente donc un résultat bien inférieur à la dépense réelle.

Note B.

Pour entretenir le pavé de Paris on est forcé d'y introduire annuellement environ 1,2000,000 pavés neufs. Comment un volume de grès aussi considérable (15,000 mètres cubes) peut-il disparaître chaque année ? Cette question mérite examen.

Les causes du déchet sont au nombre de cinq : le rebut, la retaille, la casse, le vol et l'usure.

Les pavés, après avoir été usés sur plusieurs faces, deviennent trop petits pour être replacés; d'autres s'arrondissent tellement dans les mouvemens des réparations qui brisent leurs angles, qu'il est impossible de les réemployer. Tous ces pavés sont mis au rebut, au nombre d'environ 500 milliers par an.

La retaille des pavés réemployés et les pavés plats, posés de champ, donnent lieu à un déchet, puisqu'ils occupent moins de surface. On peut l'évaluer, d'après des expériences faites sur les relevés à bout, aux $\frac{17}{1000}$ de leur superficie, et il exige environ 90,000 pavés neufs par an.

Les pavés se brisent dans les réparations en repiquage, soit à l'arrachage, soit au jet, soit sous la hie. Le résultat moyen de cent expériences faites sur les ateliers de repiquage, a donné 27 pavés brisés dans une journée d'atelier; ainsi on peut dire que dans ce genre de réparation, il se brise 100,000 pavés par an.

Les pavés se brisent aussi dans les réfections générales. En comptant les vieux pavés d'une rue avant et après son relevé à bout , et connaissant d'ailleurs ceux qui sont portés au dépôt de rebut, on en conclut le nombre de ceux qui ont disparu. Le résultat moyen des expériences faites sur 30 rues, a été de 92 pavés perdus sur 100 mètres carrés de relevé à bout; cette perte est d'environ 260,000 pavés pour tous les relevés à bout de l'année.

Il est présumable qu'une petite partie de ceux-ci est dérobée; car nous avons reconnu que sur les ateliers de repiquage, le cinquième des vieux pavés arrachés et exposés dans les rues, était soustrait pendant la nuit.

Une observation bien simple suffit pour se convaincre que le nombre des pavés brisés et perdus dans l'entretien général, est considérable. En effet, les réparations annuelles consomment de 11 à 1,200 milliers de pavés neufs, dont 90 milliers seulement couvrent le déchet des vieux pavés remis en œuvre et qui occupent moins de place. Ainsi, en remplacement de tous les vieux pavés retirés de l'emploi, on fait entrer 1,000 à 1,100 milliers de pavés neufs : il devrait donc en sortir au moins autant de vieux, qui sont plus petits. Cependant le nombre de ceux portés au dépôt de rebut, n'est au plus que de 600 milliers; il faut donc absolument qu'il y en ait beaucoup qui soient brisés.

Enfin, le pavé en remplissant le but auquel il est destiné, s'use continuellement; il s'use par le passage des voitures, des chevaux et même des piétons. Car nous avons trouvé que des marches de granit bien plus dur que le grès, s'étaient usés de 3 millimètres par an, dans des passages très fréquentés. On peut juger par là de l'effet du roulage pour certaines rues où il passe plus de 4,000 voitures par jour.

On doit aussi mettre au nombre des causes puissantes du dépérissement du pavé, l'humidité continuelle de beaucoup de rues et l'action chimique des eaux et immondices de toute espèce.

Il serait difficile, pour ne pas dire impossible, de déterminer par expérience ce dont s'use le pavé de Paris; non-seulement chaque rue offre des variations, mais chaque pavé en présente aussi suivant sa position dans la rue. Si on veut se contenter d'un aperçu, on remarquera que la masse de grès du pavé de Paris peut être considérée comme constante d'une année à l'autre, abstraction faite du pavage des rues neuves, et qu'en conséquence le volume des pavés neufs, ajouté annuellement pour l'entretien, est égal aux volumes de tous les déchets que nous avons examinés. Le volume des 1,200 milliers de pavés neufs, fournis par an, est d'environ. . . . . 15,000 mètres.

Celui des 500 000 pavés vieux rebutés, est d'environ. 3,250
Celui des 350,000 pavés brisés ou perdus, est d'environ. 3,500   7,400
Celui des pavés retaillés peut être estimé à. 650

Il resterait donc pour le volume usé. 7,600

Les 7,600 mètres cubes répartis sur une superficie de 2,355,000 mètres carrés, qui est celle du pavé de Paris, déduction faite des joints, donnent une épaisseur réduite de 3 millimètres pour la tranche usée par le frottement de tout ce qui passe sur le pavé de Paris.

Note C.

La longueur ensemble des chemins de fer de niveau des cinq carrières, jusqu'aux plans inclinés, est de 12,483, en supposant que chacune d'elle fournisse la même quantité de pavés, la longueur réduite à parcourir, sera de 2,496 mètres.

Un cheval parcourra par jour 30,000 mètres, y compris le retour : il fera donc 6 voyages. Il sera payé 5 francs 50 centimes par jour, avec le conducteur, et le voyage reviendra à 0,f 91. Il pourra trainer 10,000 kilogrammes sur des chemins de niveau : il conduira donc 7 chariots de 1,410 kilogrammes chacun, contenant 45 pavés, et en tout 315 pavés.

Ainsi le transport du millier jusqu'au plan incliné, coûtera........ .... 2 f. 88 c. } 6 f. 88 c.
La descente sur les plans inclinés reviendra à....................... .. 4   00

L'embarquement avec les grues coûtera.............................. 1   50
Un bateau contenant 1,500 pavés sera halé par deux hommes payés chacun
2 francs 50 centimes par jour; il mettra deux jours à parcourir les 27,509 mètres,
distance réduite des carrières à Paris, par le canal; deux jours pour revenir et
deux jours pour chargement et déchargement : ainsi le millier reviendra à.. 20   00
Le loyer du bateau, pendant six jours, sera de 9 francs pour 1,500 pavés, et
pour un millier.. 6   00
Déchargement avec les grues, à Paris................................. 1   50
                                                                     ____
                                                                     29 f. 00   29 f. 00 c.

Prix du transport du millier de pavés....................................... 35 f. 88 c.

Note D.

Le prix du mètre cube de meulière prise à la carrière, varie de 90 centimes à 1 franc
40 centimes, soit.. 1 mèt. 20 cent.
Transport jusqu'au canal et embarquement................................... 1   20
Transport par le canal, proportionnellement au prix du pavé........:......... 0   80
Débarquement et transport en bâtiment à Paris................................. 1   20
Droit d'entrée à Paris... 1   30
                                                                     ____
Prix du mètre cube de meulière par le canal, sans droits de navigation............ 5 mèt. 70 cent.

Note E.

Revenus du Canal.

Le canal de l'Ourcq vend la jouissance d'un mètre cube d'eau par jour, à raison de 50 francs
pour une année
Les 6,000 mètres cubes d'eau du canal du pavé de Paris, vendus à ce prix, rapporteraient.. 300,000 f.
Droits de navigation pour les 1,500 milliers de pavés, à raison de 50 francs par millier, ci.. 75,000
Idem pour 400 milliers de pavés bâtards, à 30 francs par millier..................... 12,000
Idem pour la pierre de taille de grès, estimé par aperçu à.......................... 13,000
Idem pour 40,000 mètres cubes de pierre meulière, à 2 francs 50 centimes l'un, ci....... 100,000
Idem sur le sablon, l'argile plastique, les briques, les carreaux, les bois, les fruits, les
fumiers, les bateaux vides, etc., etc., qu'on suppose absorbés par les frais d'administration et
d'entretien du canal, ci pour mémoire.. »
                                                                     ____
Total du revenu net .... 500,000 f.

Note F.

Les renseignemens qu'on va lire sont déja connus par l'opinion d'un honorable député auquel ils avaient été communiqués.

De tout temps le pavé de Paris a été entretenu presqu'en totalité par les habitans de cette ville.

En 1356, des lettres-patentes du roi Jean font voir que chacun était obligé, d'ancienneté, de réparer le pavé des rues *au droit soi* (1).

En 1388, des lettres-patentes de Charles VI contraignent les propriétaires riverains à ces réparations, quel que soit leur rang et leur noblesse (2). Elles nous apprennent que certaines rues étaient entretenues par le prévôt des marchands, au moyen de taxes de barrières et de droits de barrages, établis sur les routes de la banlieue de Paris.

En 1399, des lettres-patentes autorisent le procureur du roi à poursuivre les princes, les hauts-justiciers, les gens d'église et autres privilégiés, qui prétendirent se soustraire à cet entretien, et à les y contraindre par toute voie de droit (3). Le souverain lui-même entretenait les abords du Louvre et des dépendances royales. La répartition de cette charge publique, presque proportionnelle à la propriété, est remarquable à cette époque.

En 1539, on voit encore un réglement de François Ier, qui prescrit la réparation du pavé au droit d'un chacun (4).

Sous Henri IV, cet état de choses fut changé; il est vraisemblable que l'enlèvement total du pavé, du temps de la ligue, donna lieu à une réfection générale sous le ministère de Sully, et que c'est à dater de cette époque qu'on employa des entrepreneurs-généraux de l'entretien, dont les baux étaient passés au Conseil-d'État.

En 1606, le bail général ordonnait que *la somme nécessaire à l'entretien serait levée sur les bourgeois de Paris , selon le toisé du pavé qu'ils ont chacun devant leurs maisons* (5).

Sully observe que ces dispositions n'eurent point lieu, et il paraît que ce fut malgré lui que les fonds du trésor royal furent destinés à l'entretien du pavé. Mais quoique les habitans fussent déchargés de cette dépense, on les y fit contribuer indirectement. A cet effet, on augmenta les droits d'entrée sur le vin (6), qui étaient versés au trésor royal, parcequ'ils venaient d'être compris, en 1604 et pour la première fois, dans le bail général des fermes unies (7).

Ce n'est qu'en 1609 que le pavé de Paris figure nommément dans les dépenses du trésor royal (8).

En 1636 le bail de 1632 fut résilié, à la requête de l'entrepreneur-général, qui était mal payé par suite de l'embarras des finances, et l'entretien du pavé fut remis à la charge de la ville (9).

Les prévôts des marchands et les bourgeois notables assemblés dans cette circonstance, convinrent que chacun réparerait le pavé devant toute l'étendue de sa maison, ainsi qu'il s'était pratiqué avant 1609 (10).

---

(1) Traité de Police, de Lamarre, tome IV, page 170.

(2) *Idem.*

(3) *Idem*, page 172.

(4) *Idem*, page 175.

(5) Mémoires de Sully, tome VI, page 297.

(6) Lamarre, tome IV, page 175.

(7) Traité des Droits d'Aides, de Labellande, pages 6 et 7.

(8) Mémoires de Sully, et Comptes rendus de Mallet.

(9) Lamarre et Félibien, tome IV, page 176.

(10) Lamarre, page 175.

Chaque bourgeois y contribua suivant les taxes d'usage. Les anciennes répartitions de l'entretien furent rétablies et fixées par décision du parlement des 16 et 23 décembre 1637 (1). Elles divisent les rues en quatre espèces : les premières entretenues par le Roi, les secondes par le prévôt des marchands, les troisièmes à la charge du prévôt pour le pavé neuf à fournir et à celle des bourgeois pour la façon, et enfin toutes les autres rues et ruelles à la charge des habitans. Il n'y a que les premières qui réellement n'étaient point à la charge de la ville.

En 1638, les barrages furent augmentés ; leur produit fut destiné de nouveau à l'entretien du pavé et au nettoiement des rues ; la taxe des bourgeois fut supprimée.

La réunion des droits de barrage, de ceux d'entrée, ainsi que de tous les droits d'aide, formant la ferme générale, n'a rien eu de régulier ; tantôt ils étaient affermés ensemble, et tantôt séparément. Leur histoire comme celle de tous les impôts de ce temps, est fort embrouillée : on ne peut donc connaître exactement la caisse qui recevait le produit du barrage.

En 1648, 1649, 1654 et 1655, les baux des anciens droits de barrages, passés par les trésoriers de France, présentent des produits nets à peu près égaux à la dépense d'entretien (2). C'est vraisemblablement la raison pour laquelle on ne voit pas figurer le pavé de Paris dans les comptes rendus du trésor royal, depuis l'année 1609 jusqu'à l'année 1662 (3).

De 1662 à 1717, les comptes rendus présentent des sommes allouées pour le pavé de Paris, toujours inférieures au montant du bail d'entretien correspondant. En compulsant les registres des trésoriers de France, nous avons trouvé les sommes payées à l'adjudicataire du pavé par le receveur du barrage pour chacune des années de 1692 à 1705, et nous avons vu qu'elles formaient le complément de ce qui lui était dû ; d'où l'on peut conclure que le barrage et le trésor royal contribuaient à l'entretien du pavé de Paris, dans des proportions qui ont varié ; et en effet, le barrage ayant été incorporé plusieurs fois dans le bail général des aides, et par conséquent versé dans le trésor royal. Les comptes rendus de celui-ci devraient porter en dépense le paiement total du pavé, puisque ni le trésor royal, ni le barrage, dont le produit était certainement bien suffisant, ne se trouvaient chargés de la dépense totale de l'entretien. On doit en conclure qu'il existait alors une base de répartition qui n'est point venue à notre connaissance.

Le compte rendu de 1775 est le premier qui présente pour le pavé de Paris une dépense égale au montant du bail de l'entretien. Cependant on doit toujours la considérer comme fournie par le barrage ; c'est ainsi que l'entendaient Necker dans son compte rendu de 1789, et M. de la Millière dans un mémoire sur les ponts et chaussées, présenté à l'assemblée nationale en 1790 ; mais par suite de l'établissement de la ferme générale, le trésor recevant les droits de barrage, il était juste qu'il entretînt le pavé de Paris, auquel le barrage avait été destiné de tout temps.

Néanmoins il y avait encore dans la ville certains pavés tels que ceux des boulevards, des portes, etc., qui restaient à la charge particulière de son domaine.

En 1792, tous les droits d'entrée de Paris ayant été supprimés, le gouvernement ne touchant plus le produit du barrage, se déchargea de l'entretien du pavé et le remit à la ville. Mais lorsque la taxe de l'entretien des routes eut été établie en France, le gouvernement qui en percevait le droit aux barrières de Paris comme ailleurs, crut devoir reprendre la charge du pavé, probablement par la similitude de ce droit avec celui de barrage.

En 1800, le produit de cette taxe fournissait les fonds d'entretien du pavé de la ville et des boulevards ; cela dura jusqu'à la suppression qui eut lieu vers 1807 ; et depuis cette époque, bien que l'octroi ait été rétabli en 1808, cette charge a été supportée entièrement par le trésor public.

_____

(1) Félibien, tome V, page 100.

(2) Registres des Trésoriers de France.

(3) Comptes rendus, de Mallet.

Nous croyons que cette dépense devrait être répartie entre l'État, la ville de Paris et ses habitans, d'après des bases déterminées par les considérations suivantes :

En comparant la voie publique d'une ville au système vicinal adopté en France, on pourrait diviser les rues en trois classes. La première comprendrait celles qui sont des prolongemens des grandes routes royales traversant la ville, et qui étant d'une utilité nationale, peuvent être entretenues par l'État ; la seconde renfermerait les rues qui, passant d'un quartier dans un autre, sont d'une utilité communale et peuvent être entretenues par les revenus municipaux ; enfin, la troisième classe serait formée des rues étroites et isolées, qui n'étant fréquentées que par ceux qui les habitent, ne sont que d'une utilité individuelle et doivent être entretenues par les propriétaires riverains.

En appliquant cette répartition au pavé de Paris, on trouve à la charge de l'État une superficie d'environ .... 600,000 mètres carrés.

A celle de la ville.. 1,974,000

A celle des propriétaires riverains 100,000

Total entretenu aujourd'hui par l'État................................. 2,674,000 mètres carrés.

Le pavé étant principalement usé par les voitures ; nous avons recherché quelle serait la taxe que devraient supporter celles qui circulent dans Paris, pour payer les réparations du pavé. Après avoir compté le nombre de voitures qui passait ordinairement dans plusieurs rues, nous avons trouvé que la taxe moyenne pour une distance parcourue de 5,000 mètres serait d'environ 20 centimes ; mais s'il ne s'agissait que des rues les plus fréquentées, elle se réduirait à 4 centimes, et suffirait à leur entretien, quoique celui-ci s'élève de 40 à 70 centimes par mètre carré. La dépense des réparations n'augmente pas autant que le nombre des voitures, et l'on peut dire qu'eu égard à leur utilité, l'entretien des rues passagères est moins à charge que celui des rues écartées.

Note G.

On objectera peut-être que le canal donnant la faculté de n'employer que du pavé dur aux réparations, l'entretien exigera moins de pavés neufs, d'où il résultera que le produit des droits de navigation sur le pavé ira en diminuant.

Mais il ne faut pas oublier, 1° que dans l'état actuel des choses, le déchet augmente chaque année d'un pavé neuf par 500 mètres carrés, et que pour la surface actuelle du pavé de Paris, il en résulte une augmentation de 5,400 pavés dans la fourniture d'une année sur la précédente ; 2° que la superficie totale augmente annuellement de 13,000 mètres carrés, et que l'entretien de cette surface additionnelle exige encore 5,700 pavés de plus dans la fourniture de chaque année, sur celle qui la précède. Ainsi le produit des droits de navigation sur les pavés neufs, loin de diminuer augmentera toujours ; car bien que le seul emploi des pavés durs tende à diminuer la consommation actuelle, l'effet qui en résulte à une limite qui est le renouvellement complet du pavé de Paris en pavés durs, tandis qu'on ne voit pas le terme de l'augmentation du déchet et de la superficie, résultant de l'accroissement de la population et de la richesse.

N° I.

TABLEAU de l'Accroissement du Pavé de Paris.

ANNÉES.	SUPERFICIES TOTALES.	DONT en PAVÉS DE GRÈS.	PARTIES		OBSERVATIONS.
			DANS L'ENCEINTE de 1820.	HORS DE L'ENCEINTE de 1820.	
	mèt.	mèt.	mèt.	mèt.	
1200	»	»	178000	»	Par approximation.
1636	771000	771000	634000	137000	Procès-verbal de visite du pavé de Paris.
1747	2200000	2180000	1694000	486000	Bail de 1747, aux Archives du royaume.
1756	2401000	2299000	1734000	565000	Bail de 1756, *idem.*
1768	2534000	2416000	1808000	608000	Bail de 1768, *idem,* imprimé.
1777	2728000	2577000	1907000	670000	Bail de 1777, aux Archives du royaume.
1786	2877000	2745000	2018000	727000	Bail de 1785, imprimé.
1790	2925000	2793000	2057000	736000	Etat de situation.
1800	2307000	2271000	2180000	90000	Bail imprimé et Etat de situation.
1810	2679000	2543000	2443000	100000	Bail imprimé, de 1810, rectifié.
1820	2755000	2674000	2574000	100000	Cadastre de l'ingénieur Fresnel.
1840	*3128000*				

Nota. Ces superficies ne comprennent les boulevards intérieurs qu'après 1790. Leur entretien faisait l'objet d'un bail particulier, avant 1804, époque à laquelle ils furent réunis au pavé de Paris.

N° 2.

TABLEAU de la Dépense du Pavé de Paris, pendant 190 *années.*

ANNÉES où ont commencé LES BAUX.	ADJUDICATION A FORFAIT, en		PAVAGE NEUF, compris au bail.		RESTE pour L'ENTRETIEN annuel.	SURFACE TOTALE entretenue.	PRIX du MÈTRE CARRÉ d'entretien.
	LIVRES TOURNOIS.	FRANCS.	QUANTITÉ.	PRIX.			
	l.	f.	tois.	f.	f.	mèt.	f.
1632	45000	94500	»	»	94500	771000	0,122
1638	60000	115200	»	»	115200	848000	0,136
1649	76400	136000	»	»	136000	938000	0,145
1660	75000	126000	»	»	126000	1118000	0,113
1667	162000	272000	50	800	271200	1183000	0,230
1671	137000	230000	»	»	230000	1236000	0,178
1681	130000	223600	»	»	223600	1415000	0,158
1694	120000	186000	200	3600	182400	1544000	0,118
1701	100725	144000	200	3600	140400	1672000	0,083
1711	140000	177800	600	9000	168800	1788000	0,094
1720	208000	181000	1000	16000	165000	1904000	0,087
1730	230000	227000	2000	32000	195000	2033000	0,096
1739	267000	263500	2000	40000	223500	2148000	0,104
1747	295000	291300	2000	46000	245500	2200000	0,111
1656	374000	369300	2500	57500	311800	2401000	0,129
1768	410000	404900	2500	57500	347500	2534000	0,137
1777	510300	503900	2500	57500	445400	2728000	0,163
1786	627400	619500	2500	57500	562000	2877000	0,195
1792	»	»	»	»	290000	2877000	»
1795	»	»	»	»	»	»	»
1798	»	»	»	»	279000	»	»
1801	»	»	»	»	587000	»	»
1810	»	»	»	»	800000	2679000	0,295
1840					*1376000*	*3128000*	*0,439*

Nota. De 1792 à 1810, les fonds furent insuffisans pour un entretien complet; j'ai présenté seulement la dépense qui a été faite.

Nº 3.

TABLEAU du Prix d'un Mètre carré de Pavés neufs, sur forme neuve de sable (sans terrasses), à diverses époques.

ANNÉES.	PRIX de LA TOISE CARRÉE, en livres tournois.		PRIX du MÈTRE CARRÉ, en francs.		ORIGINE DE CES PRIX.	
	l.	s.	f.	c.		
1632	7	»	4	48	ARCHIVES JUDICIAIRES.	Rue du Champ de l'Alouette.
1636	6	15	4	08	*Id.*	Rue des Marionnettes.
1639	6	9	3	78	*Id.*	Rue Taranne.
1641	7	»	3	99	*Id.*	Rues Saint-Louis, de Richelieu et du Colombier.
1642	7	10	4	27	*Id.*	Rue Cassette.
1644	6	10	3	56	*Id.*	Porte Saint-Bernard.
1649	6	15	3	68	*Id.*	Devant les Incurables, derrière le Luxembourg.
1662	9	»	4	63	*Id.*	Rue de Sèvres.
1664	8	10	4	38	*Id.*	Rue Mazarine.
1666	10	»	5	15	*Id.*	Rue Neuve-des-Augustins.
1668	10	10	5	07	*Id.*	Hôpital Saint-Louis.
1670	9	15	4	76	*Id.*	Rue de la Sourdière.
1673	9	»	4	31	*Id.*	Place des Quatre-Nations.
1674	11	10	5	70	*Id.*	Rues Bourbon-Villeneuve et de l'Observance.
1682	9	10	4	74	*Id.*	Rues de Bagneux et de Popincourt.
1685	»	»	4	86	*Id.*	Rue de la Feuillade (d'après le prix avec terrasse).
1686	9	15	4	86	*Id.*	Près la barrière du Trône.
1687	10	»	4	97	*Id.*	Rue de Varennes.
1690	10	»	4	77	*Id.*	Rue des Barrés et Saint-Jean-de-Latran.
1693	9	10	4	86	*Id.*	Rue du Cheval-Vert.
1698	10	»	4	40	*Id.*	Rues de Varennes, du Calvaire et Boucherat.
1700	9	10	4	45	*Id.*	Rues du Cherche-Midi et Sainte-Apolline.
1701	10	»	4	75	*Id.*	Chemin du Roule à Chaillot.
1704	10	»	4	91	*Id.*	Près la Salpétrière.
1706	9	10	4	13	ARCHIVES DU ROYAUME.	Raccordement sur conduite.
1708	10	»	4	01	*Id.*	Bail pour les pavés à la charge de la ville.
1712	11	10	4	22	*Id.*	Bail du pavé de la ville.
1724	17	»	4	53	ARCHIVES JUDICIAIRES.	Rue Meslay.
1735	16	»	4	21	*Id.*	Pont-aux-Choux.
1740	16	»	4	21	*Id.*	Rues Verte, de l'Epée-de-Bois, faub. S.-Antoine, etc.
De 1747 à 1756	16	»	4	21	*Id.*	Prix du bail de 1747, à Pierre Outrequin.
De 1756 à 1768	16	18	4	44	*Id.*	*Id.* de 1756, à *id.*
De 1768 à 1776	17	3	4	51	*Id.*	*Id.* de 1768, à Penot Lombard.
De 1776 à 1786	18	13	4	90	*Id.*	*Id.* de 1776, à J.-P. Penot Lombard.
De 1786 à 1793	19	10	5	13	*Id.*	*Id.* de 1786, à L'Ecluse et Cheradame.
De 1798 à 1801	»	»	5	89	*Id.*	*Id.* de 1798, à Destors et Biard.
De 1801 à 1810	»	»	6	63	*Id.*	*Id.* de 1801, à Barmont.
De 1810 à 1820	»	»	6	80	*Id.*	*Id.* de 1810, en six lots.
1840			8	00		

OBSERVATION.

Tous les réglemens, baux, marchés et devis de pavage neuf que j'ai vus, depuis 1500 jusqu'en 1667, prescrivent l'échantillon de 6 à 7 pouces; quelquefois, sur la fin de ce laps de temps, on le voit de 6, 7 et 8 pouces, mais rarement : on peut donc le fixer à 7 pouces (19 cent.) avant 1667. Le bail de 1667, et encore celui de 1711, fixaient l'échantillon à 7 et 8 pouces, mais celui de 1730 le prescrit de 8 et 9 pouces : on peut donc le fixer à 7 pouces 1/2 (21 cent.) de 1667 à 1730. Depuis 1730, l'échantillon n'a pas varié et a toujours été de 8 à 9 pouces (23 cent.).

Il suit de là que les volumes du grès contenus dans une toise carrée de pavé neuf, à ces différentes époques, sont à peu près entre eux comme 19, 21 et 23. Comme le prix de la main-d'œuvre et du sable est le même pour de si petites différences dans les échantillons, et que le prix total est proportionnel à l'épaisseur ou à l'échantillon, on voit que, pour rendre les prix comparables entre eux, il faut les augmenter de 1/6 environ avant 1667, et de 1/10 de 1667 à 1730. C'est d'après cette modification et la valeur variable des monnaies, que j'ai calculé le prix du mètre carré de pavés neufs, à diverses époques.

N° 4.

Tableau du Déchet de l'Entretien général.

ANNÉE du BAIL.	SURFACE en PAVÉS DE GRÈS, sur forme de sable.	PAVÉS NEUFS fournis, déduction faite DES PAVAGES NEUFS ordonnés PAR LE BAIL.	FRACTION de PAVÉ NEUF qui en résulte par MÈTRE CARRÉ.
	mèt. carrés.	pavés.	pavé.
1739	2100000	580000	0,27
1747	2180000	648000	0,29
1756	2299000	731000	0,32
1768	2416000	821000	0,34
1777	2577000	920000	0,35
1786	2793000	1006000	0,37
1810	2492000	1109000	0,44
1840	3128000	1500000	0,47

Nota. De 1739 à 1786, l'échantillon du pavé neuf n'a pas changé, non plus que les carrières qui l'ont fourni.

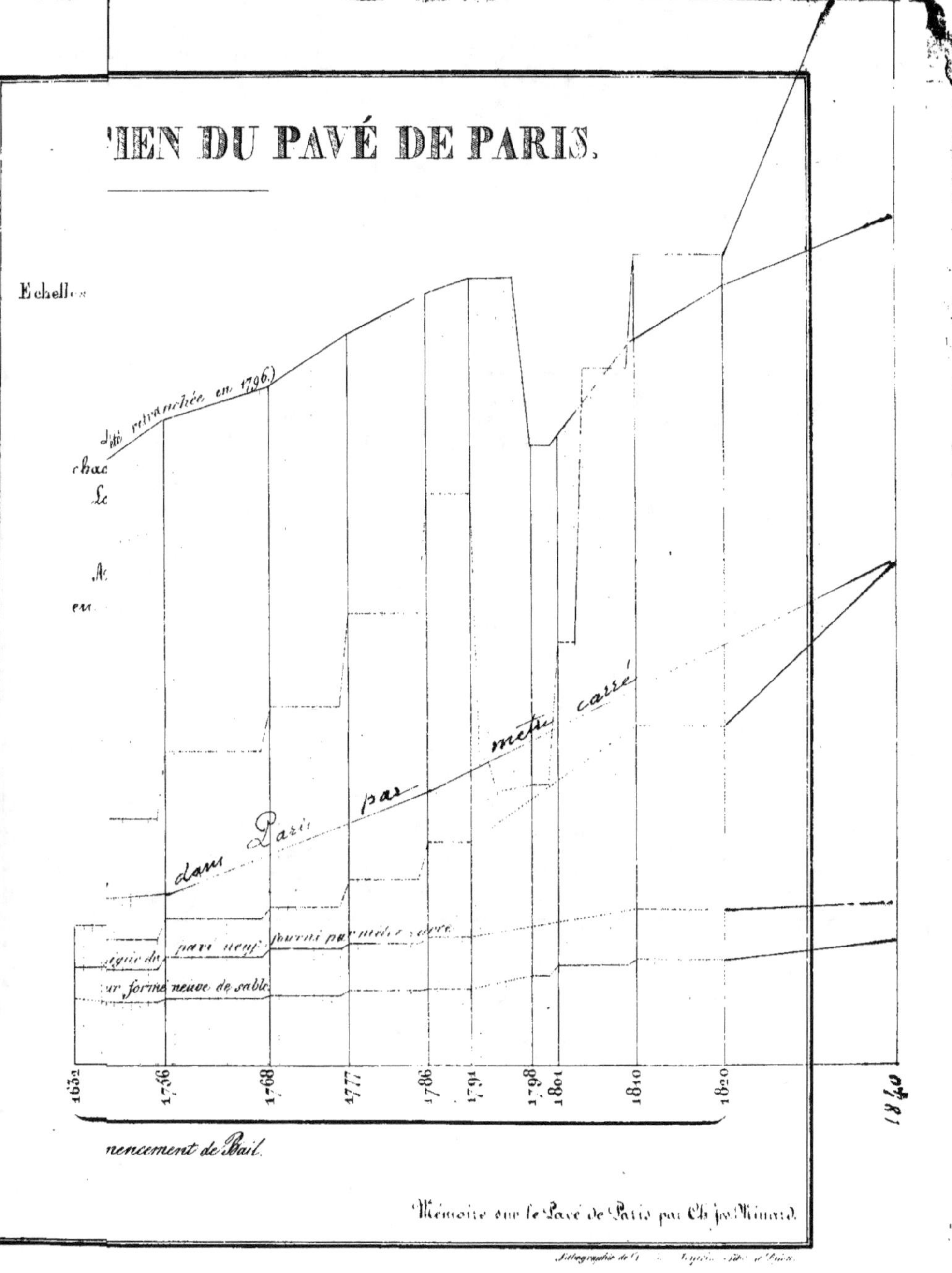

IEN DU PAVÉ DE PARIS.
Echelle
dtté retranchée en 1796.
chac
Le
Ac
en
dans Paris par mètre carré
gue du pavé neuf fourni par mètre carré
ur forme neuve de sable
1632
1736
1768
1777
1786
1791
1798
1801
1810
1820
1840
nencement de Bail.
Mémoire sur le Pavé de Paris par Ch. Jh. Minard.
Lithographie de

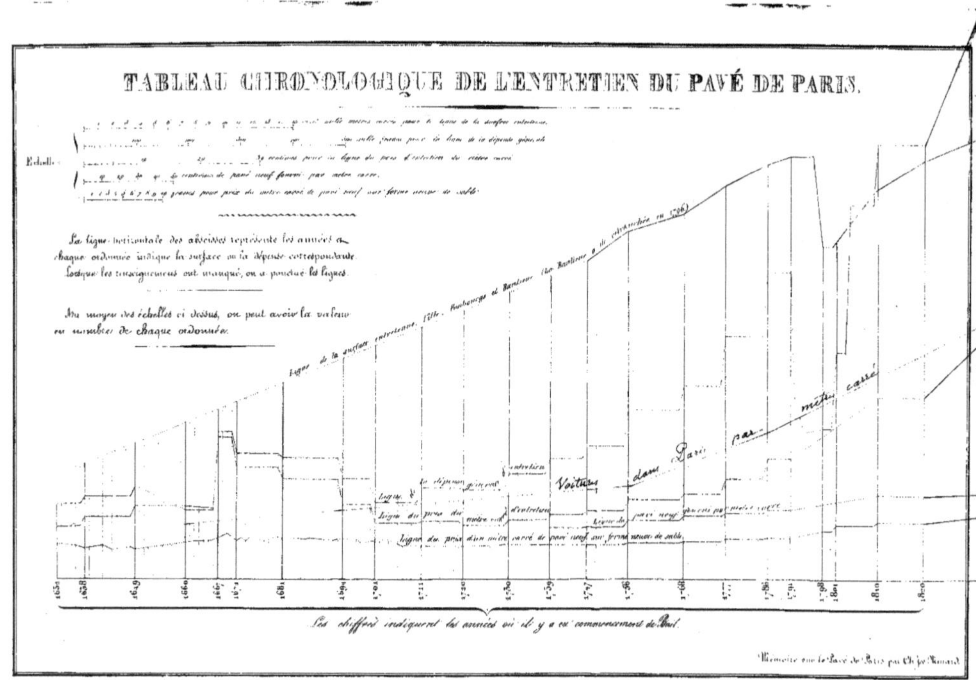

TABLEAU CHRONOLOGIQUE DE L'ENTRETIEN DU PAVÉ DE PARIS.
Échelle.
La ligne horizontale des abscisses représente les années et chaque ordonnée indique la surface ou la dépense correspondante. Lorsque les renseignemens ont manqué, on a pointué les lignes.
Au moyen des échelles ci dessus, on peut avoir la valeur en nombres de chaque ordonnée.
Ligne de la surface entretenue. Ville. Faubourgs et Banlieue (la Banlieue a été retranchée en 1796).
Voitures dans Paris par mètre carré.
Ligne de la dépense générale.
Ligne du prix du mètre d'entretien.
Ligne du prix d'un mètre carré de pavé neuf aux frais neuts de sable.
Les chiffres indiquent les années où il y a eu commencement de Bail.
Mémoire sur le Pavé de Paris par Ch. Jos. Minard.

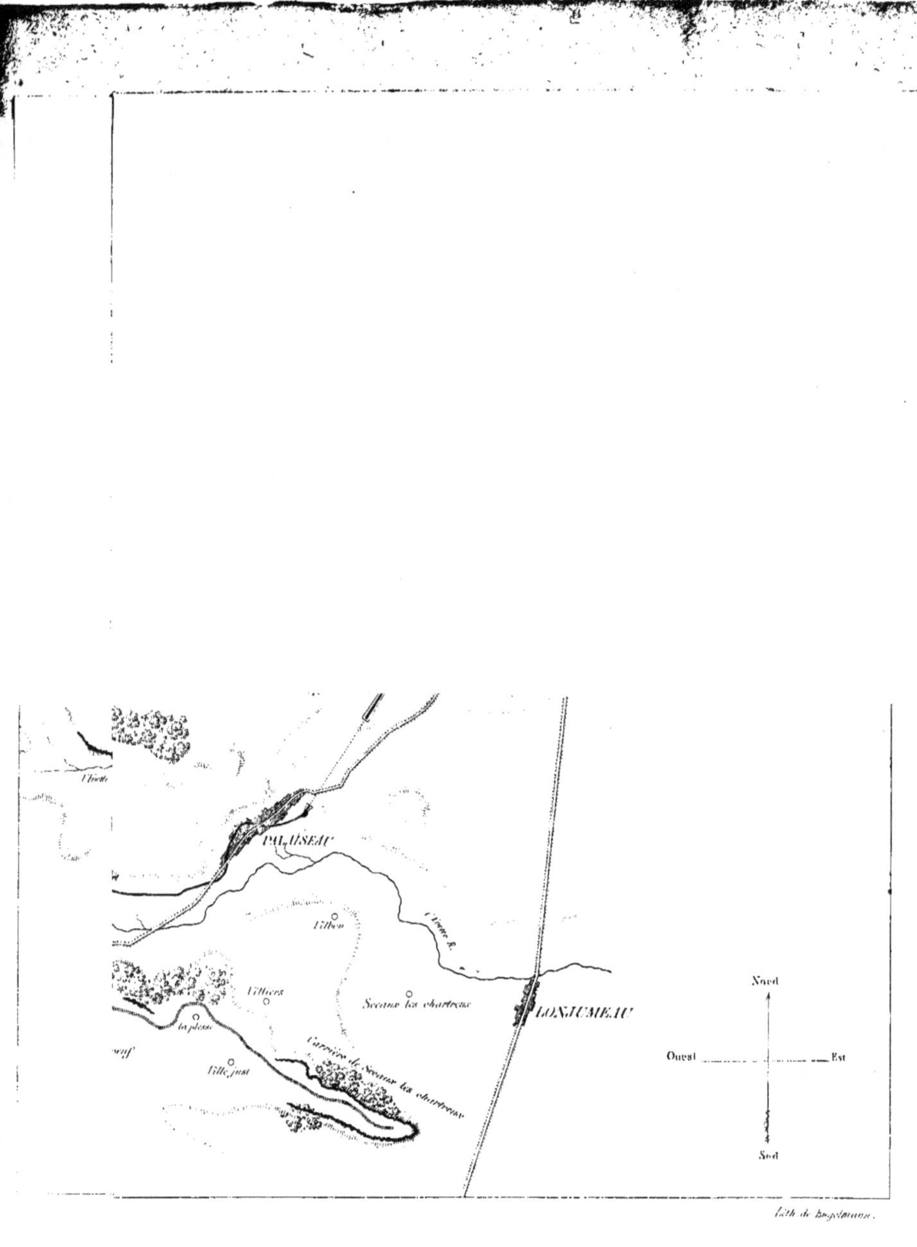

PALAISEAU
LONJUMEAU
Villier
Villiers
Ville just
la plesse
Secaux les chartreux
Carrière de Secaux les chartreux
l'Ivette
Nord
Sud
Ouest
Est
Lith de Engelmann.

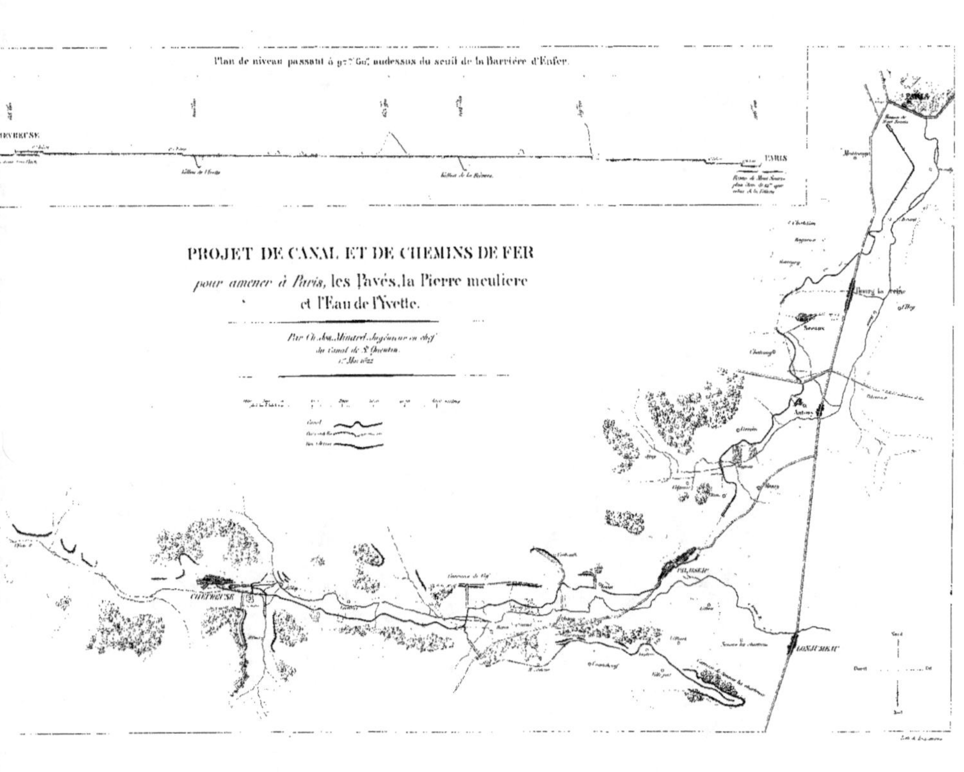

Plan de niveau passant à 97.m 60.c audessus du seuil de la Barrière d'Enfer.
CHEVREUSE
PARIS
Vallon de l'Yvette
Vallon de la Bièvre
Route de Mont Souris plus élevée que celle de la Bièvre

PROJET DE CANAL ET DE CHEMINS DE FER
pour amener à Paris, les Pavés, la Pierre meulière
et l'Eau de l'Yvette.
Par Ch. Jos. Minard, Ingénieur en chef
du Canal de St Quentin.
1.er Mai 1832

Canal
Chemins de Fer
Routes

CHEVREUSE
PALAISEAU
LONGJUMEAU
PARIS